LA PATRIE FRANÇAISE

DIXIÈME CONFÉRENCE

PAR

JULES LEMAITRE

de l'Académie Française

L'ACTION RÉPUBLICAINE ET SOCIALE

DE LA

PATRIE FRANÇAISE

Discours prononcé à Grenoble le 23 décembre 1900

✳

Prix : **0 fr. 25**

✳

PARIS

BUREAUX DE « LA PATRIE FRANÇAISE »

97, RUE DE RENNES, 97

IZ 57

INTRODUCTION

M. Jules Lemaître, qui a fait jusqu'ici à Paris le discours-programme de la *Patrie Française* à l'ouverture de l'année politique, a voulu cette année le prononcer dans un département.

Il a marqué ainsi le souci d'unir dans le même mouvement de Libération Nationale la Province et Paris.

Il a répondu à l'appel des Républicains Patriotes de Grenoble, ville que le souvenir des États de Vizille désignait d'ailleurs pour une grande manifestation patriotique et républicaine.

La venue de l'éminent académicien était annoncée depuis huit jours dans la presse départementale et avait réveillé l'énergie de tous les patriotes républicains. Aussi une foule nombreuse, qu'on pouvait évaluer à trois mille personnes, envahissait la salle une heure avant l'ouverture de la séance.

Quand M. Jules Lemaître fait son entrée dans la salle, la *Marseillaise* éclate aussitôt, tout le monde est debout, et c'est au milieu d'acclamations enthousiastes que le conférencier aborde la tribune. Il est entouré de MM. Dausset et Syveton, membres du Comité Directeur de la *Patrie Française*, Doumic et Delsol, de M. Gourju, sénateur républicain du Rhône, qui doit présider la conférence, et des membres du Comité d'organisation, MM. Armand, Neyret, Valérien Perrin, Jallifier, Vallet et Guillaumet.

Après l'exécution de la *Marseillaise*, M. Gourju, en quelques mots présente l'orateur. Il rappelle ensuite ses attaches au Dauphiné, que sa famille a quitté il y a un siècle ; puis il fait un exposé succinct de la politique que lui et les républicains libéraux du Rhône soutiennent si vigoureusement à Lyon. Ses déclarations si loyales et si républicaines, nettement antiministérielles, sont vivement applaudies. Au moment où M. le sénateur Gourju donne la parole à M. Lemaître, une nouvelle ovation est faite au chef de la *Patrie Française*.

Le conférencier lit son discours que nos lecteurs trouveront plus loin. Il est fréquemment interrompu par les applaudissements enthousiastes de l'assistance.

M. Gourju a remercié M. Lemaître et a fait appel à l'union de tous les bons citoyens.

M. Syveton, trésorier général de la *Patrie Française*, a terminé la séance en annonçant que le montant de la recette (il y avait des places gratuites et des places payantes) serait remis intégralement aux mains du maire de Grenoble pour les pauvres de la ville. Les assistants accoutumés aux conférenciers collectivistes, qui ont toujours fait payer un prix d'entrée à leurs conférences pour toutes les places et qui ont toujours gardé le montant de la recette, ont remarqué cette différence de procédés et ont salué cette déclaration d'un tonnerre d'applaudissements.

Ajoutons qu'un grand nombre de socialistes assistaient à cette conférence; sincères au fond comme le sont en général tous les électeurs, ils ont écouté avec attention et ont été profondément impressionnés.

A la fin de la séance, la foule s'est portée vers l'estrade et M. Lemaître n'a pu cacher son émotion en voyant toutes les mains qui se tendaient vers lui.

Le soir, un banquet a réuni les membres de la *Patrie Française* et les principaux habitants de la ville. M. Lemaître et ses lieutenants ont vivement pressé les assistants de s'organiser. M. le sénateur Gourju a insisté sur la nécessité de l'organisation, sur la nécessité qu'il y a à ce que les gens d'affaires, les hommes que « cela gêne » fassent le sacrifice de s'occuper de politique et, dans un élan magnifique d'éloquence et d'enthousiasme, il a retracé les admirables campagnes électorales auxquelles il a pris part à Lyon, rendant hommage à l' « organisateur de toutes ces victoires », M. Alphonse Gourd.

Le lendemain, dans le salon même où ils avaient souhaité la bienvenue à M. Jules Lemaître à son arrivée, les Grenoblois nommaient un comité de la *Patrie Française*, réunissant leurs suffrages sur un groupe d'hommes sur lesquels nos adversaires mêmes n'ont pas trouvé le prétexte d'une critique.

Ajoutons que le discours magistral de M. Jules Lemaître n'a pas eu seulement une importance locale et régionale, mais, publié dans l'*Echo de Paris*, a été entendu de la France tout entière et a apporté à l'opposition nationaliste le programme précis sur lequel se livrera la lutte aux élections générales de 1902.

C'est pourquoi la *Patrie Française* en fait une brochure de propagande que répandront nos amis.

CONFÉRENCE

PAR

Jules LEMAITRE

Messieurs,

Il y a dix-sept ans, j'étais professeur à la Faculté des Lettres de votre bonne ville et je ne m'occupais guère que de littérature. On m'aurait bien étonné si l'on m'avait prédit que je reviendrais un jour vous parler de politique.

Rien, en effet, je puis bien l'avouer, ni mon caractère, ni mes goûts, ni mes études, ne m'avait préparé au rôle que je joue aujourd'hui, je dirai presque malgré moi. Pour qu'un tel changement se soit produit dans mon existence, comme dans celle de tant de citoyens naguère paisibles et un peu détachés des choses publiques, il a fallu des circonstances bien extraordinaires. Mais aussi, Messieurs, j'espère que vous me croirez, parce que vous savez bien que je n'ai aucun intérêt personnel à mener la vie que je mène depuis bientôt deux années. Vous sentirez que je vous parle sincèrement. C'est la seule supériorité que j'aie sur un trop grand nombre de politiques professionnels.

Je voudrais, Messieurs, vous dire qui nous sommes et dissiper certains préjugés encore trop répandus touchant l'esprit de la Ligue de la Patrie Française; puis vous exposer sommairement notre programme d'action politique et sociale. Et je ne serai point surpris s'il se trouve que ce programme est exactement le vôtre.

**

Messieurs, je me plais à croire que vous ne vous effrayez pas des mots avant de savoir ce qu'ils recouvrent. Le mot « nationaliste » est, d'ailleurs, très beau. Nous ne le repoussons point, et même nous nous en parons. Le nationalisme (le mot l'indique assez), c'est simplement le réveil actuel de l'instinct de conservation nationale inquiété par le trop évident affaiblissement du pays, et peut-être par de mystérieuses intrusions étrangères. Il rappelle le temps où le cri français par excellence était : « Vive la nation ! » Il nous rattache donc aux origines même de la Révolution, dont nous essayons d'être les continuateurs fidèles. C'est la magie de ce mot « nationalisme » qui, au mois de mai dernier, a opéré le miracle des élections parisiennes. Certes, les républicains progressistes sont nos alliés et, dans le fond, ils pensent comme nous — ou nous pensons comme eux — presque sur toutes choses. Je crois cependant que ce mot de « progressiste », un peu froid, n'aurait pas eu la même prise sur les imaginations, ni la même efficacité.

Mais, d'abord, n'est-ce pas ? se dit nationaliste qui veut — et je trouve cela tout naturel. — Et puis, par une manœuvre dont je reconnais l'habileté, lorsque nos adversaires parlent des nationalistes, ils ne parlent jamais que de certains de nos amis dont le tempérament et les méthodes diffèrent peut-être des nôtres, et dont toutes les paroles ne sauraient nous engager. De ceux-là mêmes ils travestissent les sentiments; à plus forte raison ceux de la Patrie Française qui entend conserver, dans le nationalisme, sa physionomie propre et qui aspire à devenir le groupe patient, tenace, pratique et optimiste à la fois, celui qui sait que les évolutions morales se font lentement, et qui ne veut rien attendre que de la persévérante prédication de la vérité et du concert — long à établir, mais plus sûr que tout — des volontés saines et droites.

Cela posé, je n'aurai pas de peine à répondre aux accusations dont on nous poursuit.

On dit — et vous le lisez tous les jours dans quelqu'une de vos feuilles locales : — Le nationalisme, c'est la guerre, avec orientation vers le bonapartisme; c'est, par conséquent, la réaction ; et c'est le cléricalisme.

Ces accusations sont stupides; l'esprit et le programme de la « Patrie Française » sont justement le contraire de tout cela. Je l'ai répété pour ma part plus de cent fois. Mais comme dit Basile, calomniez, il en restera toujours quelque chose. Je répondrai donc une fois de plus.

On nous reproche de trop nous agiter autour des héros militaires, des Marchand, des Gallieni, des Villebois-Mareuil, de soutenir trop de candidatures de vieux généraux en retraite, bref, de trop nous occuper de l'armée. Mais c'est que d'autres s'en sont trop occupés aussi, et s'en occupent encore, et non certes pour la fortifier. Nous pensons (et cela n'a rien d'original) que de la force de l'armée dépend la prospérité industrielle et commerciale d'un pays, que le moment est mal choisi pour affaiblir notre institution militaire, quand tant d' « impérialismes » menaçants nous entourent; et enfin que, si l'armée n'est pas parfaite, elle ne peut être réformée avec fruit que par des mains qui lui soient amies. Nous pensons, nous savons que la honte de Fachoda pouvait être évitée, et aussi le chagrin de voir marcher nos soldats sous un chef allemand. Nous pensons qu'une politique extérieure franche et ferme, non provocatrice, mais attentivement défensive, est souvent moins dangereuse qu'une politique de concessions empressées et ininterrompues.

Nous voulons si peu la guerre que notre rêve serait que la France redevînt assez forte chez soi, assez ordonnée, assez unie pour en imposer à l'étranger et pour éviter ainsi la guerre à jamais.

La seconde sottise que nos adversaires essayent de répandre — et qui trouve peut-être crédit, du moins en province (car Paris nous connaît), — c'est que nous avons de ténébreuses arrière-pensées de réaction et de césarisme. Ils nous dénient le nom de « républicains ». Heureusement, nous n'avons besoin, pour aimer et servir la République, ni de leur permission, ni de leur investiture.

Ils viennent de refuser ce même nom de républicains à des hommes comme MM. Méline, Krantz, Audiffred, Guillain. Ils le refuseraient, dans les mêmes circonstances, au sénateur Gourju et au sénateur Rambaud. Nous sommes donc en assez bonne compagnie.

Autrefois on était républicain (le sage M. de la Palisse souscrirait à cette définition), quand on n'était pas monarchiste et quand on acceptait loyalement le gouvernement de la République. Aujourd'hui cela ne suffit plus. Il faut encore admirer et défendre les actes du ministère Waldeck-Millerand-André. L'orthodoxie républicaine est devenue plus étroite, plus jalouse, plus soupçonneuse, plus inquisitoriale que ne fut jamais celle d'aucune Eglise confessionnelle. Je suis persuadé que le sacré collège des radicaux-collectivistes exclurait de la République ses propres fondateurs s'ils vivaient encore, j'entends les Challemel-Lacour, les Spuller, les Jules Ferry et Gambetta lui-même.

Et qui prononce ces excommunications ? Des hommes dont tous les actes sont la négation de ce qui est l'essence même d'un État républicain ; qui ont fait condamner par par la Haute-Cour des citoyens absous par le jury, c'est-à-dire par le peuple ; qui ont attenté de toutes les façons à la liberté et à l'égalité des citoyens, et qui se signalent tous les jours par des fantaisies d'un arbitraire à ce point effronté, que je me demande si l'on en a jamais vu de telles sous aucune monarchie. Ils prétendent nous mettre à la porte de la République, précisément parce que nous prenons la République au sérieux, parce que nous pensons qu'elle implique le respect de la liberté, qu'elle doit être, comme l'indique l'étymologie, la chose de tous, le gouvernement de tous au profit de tous. C'est nous qui serions fondés à leur dire : « Vous vous parez d'un faux titre Vous n'êtes pas des républicains, puisque vous n'êtes ni justes, ni tolérants, ni généreux. Vous n'êtes que des sectaires et des exploiteurs, — austères ou cyniques, papelards ou forcenés, peu importe ; et la République n'est pour vous qu'un butin. »

Enfin, j'arrive au fameux mot dont nos adversaires accablent aujourd'hui, indifféremment, tout ce qui n'est pas ministériel : le mot « clérical ». Cela, c'est une arme de guerre infiniment déloyale, mais combien efficace dans un pays d'esprit profondément laïque, qui certainement a eu jadis à se plaindre du clergé et qui, aujourd'hui encore, à tort ou à raison, identifie les abus de l'ancien régime avec la domination des prêtres « Clérical ! » Quand on jette cette épithète à un homme, il en demeure assommé. Et s'il répond : « Tolérance, liberté de conscience », on se bouche les oreilles ou on le traite de tartuffe.

Oui, voilà où nous en sommes. Autrefois (et j'en appelle de nouveau au sage M. de la Palisse), un libre-penseur était un homme qui pensait librement et qui n'était attaché aux dogmes ni aux pratiques d'aucune Eglise. Et il ne lui était pas défendu de supporter que les autres pensent aussi à leur façon ; il lui était permis d'être tolérant, sans cesser d'être libre-penseur. Aujourd'hui nous avons changé tout cela. On n'est pas un libre-penseur si l'on n'est pas un persécuteur ; on n'est pas un libre-penseur si l'on ne pense pas comme le gouvernement !

Il faudrait pourtant s'entendre sur ce mot de cléricalisme. Le cléricalisme, c'est l'empiétement du pouvoir religieux sur le pouvoir civil, l'intrusion d'une Eglise dans le gouvernement de l'Etat. Or, il y a une Eglise à laquelle l'Etat est présentement asservi (et qui n'est certes pas l'Eglise catholique) ; une Eglise fermée, occulte, qui a son *Credo* — ou son anti-*Credo* — et sa liturgie, qu'on dit grotesque, une Eglise de dogmatisme étroit et de discipline serrée, et merveilleusement organisée pour la domination et le butin. Et cette Eglise c'est la Franc-Maçonnerie.

Quand je dis que cette Eglise asservit l'Etat, je n'exagère point. Nous avons aujourd'hui quatre cents députés ou sénateurs affiliés à la Franc-Maçonnerie. A un moment, on a pu voir le président de la République, le président de la Chambre et dix ministres sur onze qui étaient francs-maçons. Or, les francs-maçons sont environ vingt-cinq mille en France. Il y a donc un représentant franc-maçon, sénateur ou député, pour soixante électeurs francs-maçons, et il n'y a qu'un élu pour dix-huit mille électeurs non affiliés aux Loges. Ainsi la plus grande partie du pouvoir est entre les mains des enfants de la Veuve ; ils mènent ou prétendent mener tout ; ils déterminent des votes, à la Chambre, par le fameux signe de détresse ; et le conseil de l'Ordre (lisez leurs bulletins) intervient à tout propos dans la direction des affaires de l'Etat.

Qu'est-ce que j'en conclus, Messieurs ? D'abord qu'ils sont très forts et très habiles, et que nous devrions leur emprunter leur discipline, leur persévérance, leur activité, et ne leur laisser que leur intolérance — et leur secret, dont nous n'avons que faire ; ensuite, que, si le péril clérical a pu venir jadis de

l'Eglise catholique, il s'est déplacé, il vient
aujourd'hui de la Franc-Maçonnerie, Eglise
cachée et persécutrice, à la fois d'action offi-
cielle et d'existence illégale (ce qui est proprement monstrueux). — Que dirions-nous,
que diraient nos adversaires s'il y avait
quatre cents congréganistes dans les deux
Chambres? Ils crieraient au cléricalisme et
ils auraient raison. Nous poussons le même
cri contre les francs-maçons. C'est eux, à
l'heure qu'il est, qui sont les cléricaux.

Ainsi, Messieurs, ni cléricaux, ni réactionnaires, ni césariens, ni certes affamés de
conquête et « impérialistes » à la façon des
Anglais, des Allemands et des Américains
des Etats-Unis, — nous sommes simplement
des républicains loyaux et nous tâchons
d'être de bons citoyens. Nous souffrons de
la diminution de notre pays, et c'est une
une douleur pour nous de ne pouvoir nous
enorgueillir d'une patrie aussi forte que nous
le voudrions, non seulement pour notre bien,
mais pour celui de l'humanité. Nous voyons
que la France est profondément divisée et
opprimée par une secte malfaisante; que le
parlementarisme, depuis longtemps faussé,
est devenu un régime sans nom où la corrup-
tion est partout et la responsabilité nulle
part ; que le désordre et le gaspillage dévo-
rent nos ressources et que nous courons à la
faillite ; que nous avons un gouvernement
que je ne peux pas qualifier ici (j'aurais besoin de mots trop forts pour exprimer exactement ma pensée), mais dont je dirai seulement, avec l'honorable M. Krantz, que « sa
politique est funeste à la République et aux
intérêts du pays ». Et nous voudrions, au-

tant qu'il est en nous, remédier à tant de maux.

..

On nous répondra : « Voilà qui est bien. Vous triomphez à peu de frais dans la critique. Mais enfin quel est votre programme ? »

J'ai essayé, Messieurs, de l'indiquer dans plusieurs discours. Je l'indiquerai une fois de plus, bien qu'il n'y ait présentement personne pour l'appliquer (cette Chambre, vous le savez, en a encore pour quinze mois à être impuissante et odieuse) et bien qu'il soit plus urgent encore de modifier les mœurs publiques que les lois et les institutions.

N'importe : il y a des idées qui sont dans l'air et sur lesquelles, si l'on prend soin de les formuler le plus souvent et le mieux qu'on peut, seront obligés de se prononcer ceux qui, en 1902, brigueront les suffrages des électeurs.

Deux questions : celle de la réforme de la Constitution et celle des réformes qui se peuvent tenter en dehors de la revision constitutionnelle.

J'omets aujourd'hui la première question. Pour que la revision eût chance de se faire selon nos idées, il faudrait que, dans quinze mois, la majorité des députés fût avec nous, et qu'elle eût été nommée sur un programme revisionniste approchant de celui qui serait le nôtre. Laissons donc cela (il sera encore temps d'y songer l'an prochain) et passons aux réformes qui se peuvent réaliser sans toucher aucunement à la Constitution.

Ces réformes doivent être surtout économiques et sociales

Nos maîtres n'ont guère fait, depuis quinze ans, que des lois politiques, c'est-à-dire des lois propres à leur faciliter la conquête et la possession du pouvoir. Ils n'ont pas fait de lois sociales, c'est-à-dire des lois qui profitent à tous et qui, sans prétendre changer la nature des choses, essayent d'en atténuer l'iniquité; où, s'ils ont fait des lois sociales, c'était encore, par un détour, des lois politiques et et qui, dans leur pensée, devaient d'abord profiter à leur parti.

Les réformes que nous proposerions auraient trois objets, tous d'intérêt général: assurer à tous les libertés nécessaires, c'est-à-dire la plénitude de leurs droits de citoyens; rétablir nos finances et conjurer la banqueroute; opposer au collectivisme ce que j'appelle le socialisme volontaire.

Ces trois objets n'en font qu'un, s'il est vrai que la liberté d'association sous toutes ses formes soit la meilleure arme contre le collectivisme, et s'il est vrai que la résistance au collectivisme soit une des principales conditions de notre salut économique.

Mais entrons un peu dans le détail.

Nous respectons le privilège centenaire de cette vieille Université dont nous connaissons la science et les vertus. Mais nous demandons le maintien de ce qui nous reste de la liberté d'enseignement, de cette liberté qui est un des corollaires de la liberté de conscience, et que l'on menace obliquement par l'hypocrite projet de loi de scolarité. Le monopole intégral de l'Etat en matière d'enseignement et d'éducation (deux choses inséparables) ne serait admissible que si l'Etat possédait la vérité absolue en religion, en philosophie, en morale, en politique, et si cette vérité était universellement reconnue. Nous en sommes loin.

Nous réclamons ensuite, Messieurs, la liberté d'association. Nous la réclamons, je l'ai dit, afin de nous en servir contre le collectivisme, qui est le grand danger de l'heure présente.

Sur cette question du collectivisme, il faut être très net, ne pas avoir peur de passer pour des esprits obtus et rétrogrades, et de paraître moins audacieux ou, comme on dit, moins « avancé » que le voisin.

La tyrannie des mots est abominable. Pour une quantité énorme d'électeurs, un radical est plus « avancé », entendez d'esprit plus libre, qu'un républicain progressiste, et un collectiviste plus avancé qu'un radical. On dirait que la liberté d'esprit est en proportion de ce que les doctrines politiques ou sociales contiennent soit d'apparente hardiesse logique, soit de menaces contre la société actuelle. Et, comme la liberté d'esprit est une belle chose, une qualité flatteuse et dont on se pique volontiers, vous prévoyez les conséquences. D'honnêtes gens professent des sottises ou suivent ceux qui les professent, pour n'avoir point l'air timides et pour prouver qu'ils n'ont pas une âme ni un tempérament de réactionnaires ou d'esclaves.

C'est là un pitoyable malentendu. Le mot « avancé » ne saurait avoir qu'une signification relative. Etre « avancé » dans le sens d'une conception abstraite et niaisement optimiste de l'humanité, c'est bel et bien être en retard.

Disons-le carrément : « Le collectivisme, c'est l'ennemi ! » parce que c'est la tyrannie, la haine, et, finalement, la réaction, puisque ce serait le recul vers un état social inférieur à l'état actuel, si imparfait et même si pitoyable qu'il soit encore.

Nous ne sommes pas de mauvais cœurs : qui de nous n'a rêvé d'une société de frères, où régnerait la justice absolue? Mais le collectivisme fait présentement appel à la lutte des classes. D'autre part il est, de sa nature, internationaliste, négateur des patries. Réalisé, nous redoutons en lui la panbureaucratie, l'uniformité, la médiocrité générales, la mort de l'initiative individuelle, la paresse et la lâcheté des citoyens de la nouvelle Salente. L'Etat collectiviste serait un bagne sous la surveillance, grassement rétribuée, des gardes-chiourme inspecteurs et distributeurs du travail. D'un seul mot, dans un système qui suppose niaisement la bonté de l'homme, nous redoutons l'homme tel qu'il est. Et enfin, cette grossière utopie ne serait réalisable que si tous les Etats d'Europe en faisaient à la fois l'épreuve. Cette condition manquant, il est trop clair que ce serait la ruine rapide de notre commerce et de notre industrie nationale.

Et c'est pourquoi, opposant à l'association forcée l'association libre, nous mettrons dans notre programme une bonne loi sur les associations;

Une loi qui abroge ce stupide article 291 du Code pénal, en vertu duquel la Patrie Française a été deux fois condamnée;

Une loi qui favorise encore davantage les mutualités; qui, amendant la loi du 1er avril 1893, autorise les mutualités libres et ne permette plus à l'Etat de confisquer le capital d'une Société aussi intéressante que celle des « Prévoyants de l'Avenir » ;

Une loi qui accorde à tous les citoyens le droit d'association dans la plus large mesure pour la formation de syndicats professionnels ouvriers, agricoles, de coopératives de production et de consommation, et qui étende leur faculté d'acquérir et de posséder.

Une loi qui tranche avec bonne foi la question des congrégations religieuses; qui assimile, par exemple, leur situation légale à celle des syndicats ouvriers.

Mutualités et syndicats, voilà le salut. Nous sommes certes pour la liberté du travail : mais, dans la grande industrie, cette liberté n'est qu'un leurre et l'individu n'est qu'un grain de poussière sans l'association.

Pour compléter l'œuvre des syndicats et des mutualités, nous demanderions bien volontiers la création d'une « caisse nationale de retraites pour la vieillesse des travailleurs », analogue, sinon tout à fait semblable, à celle qui fonctionne en Allemagne depuis 1881.

Mais ce serait une dépense énorme. L'Etat n'aurait, je crois, qu'un moyen d'y suffire (et c'est bien là qu'il en faudra venir tôt ou tard), ce serait de réduire au moins de moitié (par voie d'extinction, car nous ne voulons faire de tort à personne), le nombre actuel de nos fonctionnaires. Notez, Messieurs, que je ne dis point de mal de cette immense et estimable légion. J'ai été fonctionnaire; vous êtes tous fonctionnaires ou parents de fonctionnaires, ou vous avez des enfants qui aspirent à être fonctionnaires. Et c'est justement ce qui fait qu'il y a trop de fonctionnaires. Il y en a environ 430,000 (c'est-à-dire 1 pour 95 habitants), qui, avec les pensionnés, nous coûtent au total la somme fabuleuse de un milliard deux cent millions par année. Et l'on en crée tous les ans de nouveaux. Or, il est constant que, dans toutes les administrations publiques, la moitié ou le tiers des employés pourrait faire toute la besogne et la ferait mieux. Même en payant un peu plus ceux qu'on garderait, vous pressentez quelle prodigieuse économie! J'ajoute que la cure de cette plaie dévorante du fonctionnarisme ne serait complète que par une sage décentralisation administrative, telle, par exemple, que celle dont le président Deschanel a tracé le plan il y a quelques années. Ainsi, de même que les abus, les réformes se tiennent et s'appellent. Elles s'appellent, mais elles ne viennent pas. J'ai bien peur que ces deux-ci, réduction du fonctionnarisme et décentralisation administrative, ne soient pour jamais des chimères. Et pourtant, si on voulait!... Quel allègement pour le pays! Mais vous verrez qu'on ne voudra pas. On préférera la banqueroute.

Le même sentiment qui nous fait souhaiter le développement des syndicats et des mutualités et les retraites pour la vieillesse, nous fait désirer la réforme de l'impôt.

Messieurs, la loi financière idéale serait évidemment celle qui créerait un impôt unique, proportionnel aux ressources de chaque contribuable, et qui supprimerait donc les taxes indirectes et notamment celles des octrois, les plus iniques de toutes, puisqu'elles frappent les pauvres infiniment plus que les riches. Mais il y faut deux conditions : que la proportion entre l'impôt et le revenu soit exacte, et qu'elle puisse être déterminée sans aucune intrusion vexatoire de l'Etat dans la vie privée des citoyens. Et c'est là un gros problème.

Ce n'est pas que nous soyons plus timides que d'autres. Ce que je viens de dire implique que nous ne repoussons pas *a priori* le principe de l'impôt sur le revenu. Nous sommes des gens de bonne volonté, et nous cherchons de notre mieux. Cet impôt serait-il établi d'après les signes extérieurs de la richesse, ou d'après la déclaration préalable des intéressés? Les signes extérieurs de la richesse donnent des indications souvent trompeuses; mais on pourrait les rectifier en tenant compte et de la profession des contribuables, et du nombre des personnes qui composent une même famille. — Quant à l'impôt sur le revenu avec déclaration préalable, il fonctionne en Angleterre, en Prusse et dans deux cantons de la Suisse. Il est certain que cette déclaration deviendrait un des grands actes de la vie des citoyens, un de ceux qui engageraient leur conscience : et les Français n'ont guère accoutumé, hélas! de mettre leur conscience dans ces choses-là. Mais il est certain aussi que nous sommes à une époque où grandissent les obligations des classes aisées ou riches, et où les plus favorisés de la fortune doivent comprendre qu'il leur est moins que jamais permis d'être avares et égoïstes. Il est certain aussi que cette déclaration préalable ne demeurerait pas sans contrôle, même en écartant toute recherche inquisitoriale de la part du fisc. Et enfin, ces deux méthodes, l'impôt d'après les signes de la richesse, et l'impôt avec déclaration, ne pourraient-elles être combinées? Je laisse à de plus habiles le soin de répondre.

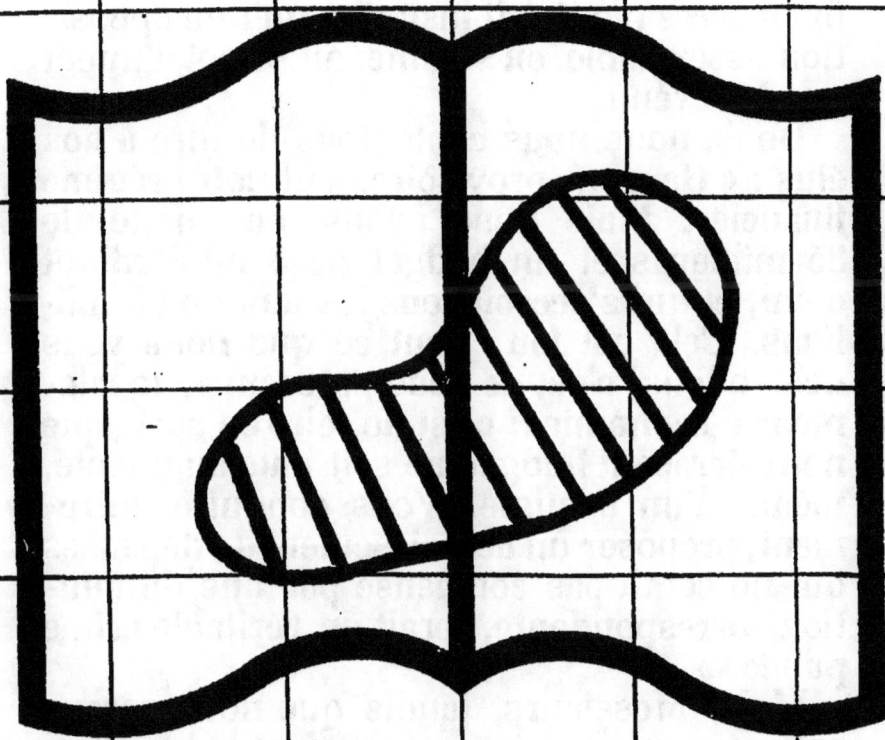

Et puis, il ne faut pas mettre la charrue devant les bœufs. Avant de créer l'impôt sur le revenu, il faudrait absolument changer la législation des valeurs mobilières : sans cela, la plus grande partie des richesses de la haute banque échapperait au nouvel impôt. Et c'est bien pour cela que les grandes puissances financières n'ont fait jusqu'ici qu'une opposition assez faible, en somme, au projet d'impôt sur le revenu.

Donc, nous nous contentons de dire à nos élus : « Gardons provisoirement notre régime financier. Mais nous avons une dette de 35 milliards et un budget de 3 milliards et demi, et qui s'accroît tous les ans de 50 millions. Cela est fou. Tout ce que nous vous demandons, c'est de vous préoccuper loyalement d'économies; c'est de faire en sorte que notre écrasant budget ne soit plus augmenté, même d'un centime. Vous conduire autrement, proposer un accroissement de dépenses qui ne serait pas compensé par une diminution correspondante, serait un véritable crime public. »

Mais, Messieurs, tandis que nous serons occupés à mieux gérer nos affaires et à mettre, s'il est possible, un peu plus d'ordre dans l'intérieur de la communauté française, il ne faut pas oublier que cette communauté n'est pas seule dans le monde et qu'elle peut avoir à se défendre.

On parle d'une nouvelle loi militaire. Et déjà certains hommes politiques promettent — de nouveau — le service de deux ans : ce qui est, comme ils disent dans leur beau langage, un merveilleux « tremplin électoral ».

Ici encore, il n'est que de s'entendre. Si les

chefs de notre armée déclarent le service de deux ans compatible avec les nécessités de la défense nationale, il est clair que nous nous empresserons de l'accueillir. En réalité, le service de deux ans est possible. Mais il n'est possible (comme tout à l'heure l'impôt sur le revenu) qu'à certaines conditions. Tout seul, il nous donnerait des milices citoyennes plus ou moins exercées, non la force militaire dont nous avons besoin. Il devrait donc avoir pour indispensable complément une très puissante armée professionnelle, toute formée d'hommes qui auraient au cœur et dans le sang la vocation militaire (et ces hommes-là ne manquent pas en France); armée aux cadres durables et vigoureux, grâce aux primes de réengagement, grâce aux avantages dont seraient assurés enfin les sous-officiers et les brisquarts rentrés dans la vie civile; armée profondément instruite et éprise de son métier, noyau solide, armature résistante des milices nationales. — Notons que l'abaissement du service universel à deux ans permettrait de former et d'entretenir cette armée professionnelle, non seulement sans frais nouveaux, mais peut-être avec bénéfice. — A ces conditions, et si les officiers compétents en sont d'avis, — nous aussi nous sommes pour le service de deux ans. Mais alors vous verrez que nos adversaires nous accuseront de rêver d'une « armée de prétoriens ».

•En résumé, il est des questions à propos desquelles la loyauté nous oblige à dire : Nous étudierons, et nous attendrons. Les députés qui se sont fait élire sur la promesse du service de deux ans et de l'impôt sur le revenu ont bien attendu déjà et fait attendre leurs électeurs pendant trois années! Et cependant nous ne nous permettrons pas de les traiter de mauvais plaisants.

*
* *

Telles sont, Messieurs, les principales idées que je soumets à votre examen. Je n'ai pu malheureusement que vous les indiquer, alors que des explications eussent été nécessaires. Les uns reprocheront à ce programme d'être incomplet (ils auront raison, mais on ne peut tout dire en une fois); d'autres jugeront que, pour vouloir être trop vaste, il manque de précision. Messieurs, soyons de bonne foi : nous avons, depuis trente ans, élu des représentants sur des déclarations bien moins précises encore. Ce qui importe dans un programme, c'en est l'esprit. Le nôtre est, je crois, démocratique et fraternel.

Nous avons plus d'un an pour « mûrir » nos idées et nos projets; car, n'est-ce pas? ce n'est point des nègres de M. Waldeck-Rousseau que nous pouvons en attendre l'exécution.

L'œuvre urgente, l'œuvre d'aujourd'hui, c'est donc, en dernière analyse, de préparer de bonnes élections. Et cela ne peut se faire que par ce qu'on a fort bien appelé l'organisation du suffrage universel.

On a proposé de réformer ce suffrage lui-même. On a imaginé des systèmes très judicieux, très ingénieux, tels que la représentation proportionnelle. Mais, Messieurs, nous ne pouvons pas attendre que ces réformes soient accomplies. Acceptons donc le suffrage universel tel qu'il est et tirons-en le meilleur parti que nous pourrons.

Vous savez que, dans le système monarchique, il y avait entre le peuple et le roi, pour tempérer tant bien que mal l'omnipotence d'un seul, les Parlements, les assemblées provinciales ou communales, et toutes sortes d'associations et corporations, ayant chacune ses coutumes et ses privilèges.

Eh bien, Messieurs, dans une République démocratique, les choses étant retournées, il faut qu'il y ait pareillement, entre la toute-puissance aveugle du nombre et la personne de chaque citoyen, que cette toute-puissance menace d'opprimer, des groupements défensifs, des associations libres, qui travaillent à transformer cette force, facilement dupe et facilement tyrannique, en une force clairvoyante, bienfaisante, morale.

Il faudrait aussi que, dans toutes les régions, d'honnêtes gens fissent l'effort de renoncer aux douceurs d'une vie paisible pour se porter candidats. Je comprends que cela leur coûte. La cuisine d'une candidature n'est pas ragoûtante; mais, bien entendu, ils la feraient, eux, proprement, sans se dégrader, et en songeant : Advienne que pourra ! Je suis sûr que, dans bien des cas, le peuple leur saurait gré de leur franchise, de la dignité qu'ils garderaient... Nous avons vu trop souvent le peuple n'avoir le choix qu'entre des ratés, des médecins sans clientèle, des avocats sans cause, des hommes d'affaires véreux, ou des braillards, d'anciens agents électoraux, prêts à tous les mensonges et à toutes les bassesses pour parvenir, et qui ne voyaient, dans le mandat de représentants, qu'un privilège à exploiter par tous les moyens.

En résumé, le remède du suffrage universel

est en lui-même. Il y a en lui des fractions supérieures et mieux averties (et ces fractions peuvent être ouvrières ou rurales autant que bourgeoises), autour desquelles il faudrait que sa masse flottante et amorphe vint d'elle-même s'agglomérer et s'ordonner.

Cela peut se faire très simplement, par une sorte de phénomène d'aimantation. Rien qu'en se mettant ensemble et en disant tout haut ce qu'ils veulent, les hommes intelligents et énergiques de chaque ville, de chaque quartier, de chaque bourg, créeront un petit centre d'attraction morale et agiront, de proche en proche, sur tous les braves gens, jusqu'ici épars et sans lien, qui, au fond, pensent et sentent comme eux. J'ai le ferme espoir que nos groupes, par cela seul qu'ils existeront et qu'ils seront connus, substitueront insensiblement dans toute la France, à l'émiettement actuel de la matière électorale, l'ordre et la cohésion, et qu'ils hiérarchiseront le suffrage universel. Je parle, bien entendu, d'une hiérarchie naturelle et toute spontanée, d'une direction exercée avec modestie, cordialité et désintéressement par les uns et librement consentie par les autres. Bref, vos Comités fourniront, à tous ceux qui ont les mêmes idées que vous, la possibilité de s'en apercevoir et par suite de marcher tous ensemble avec vous.

Finissons, Messieurs, sur des paroles d'espérance. — On nous a dit qu'une République démocratique de 38 millions de citoyens en pleine Europe monarchique est un paradoxe fou; que le suffrage universel est la plus grande erreur du siècle et le plus sûr mécanisme pour livrer le pouvoir à ce qu'il y a de moins recommandable dans la nation ; que la démocratie, c'est la médiocrité, l'envie, le désordre, l'impuissance à s'organiser... Répondons, Messieurs, que notre malheur, mais aussi notre gloire, c'est d'être en avance sur les autres peuples et d'avoir eu à faire, avant eux, certaines expériences périlleuses ; mais qu'il y a dans les doctrines si audacieusement idéalistes de 89 un conseil d'abnégation puisqu'elles nous recommandent les droits d'autrui autant que les nôtres, et, par conséquent, un principe d'ordre et d'organisation sociale.

Faisons mentir les faux prophètes, par la ferme résolution d'être désintéressés et fraternels et de répandre tous les jours autour de nous les bons désirs que nous portons en nous-mêmes. Et tendons la main à tous les bons Français (il doit y en avoir) qui sont encore séparés de nous. De ce qu'ils ont eu d'autres impressions que nous sur une affaire qui, dans la réalité, échappait à la compétence des simples particuliers, s'ensuit-il qu'ils doivent approuver aujourd'hui un gouvernement déloyal et injuste, eux qui ne l'ont suivi d'abord que poussés par un sentiment d'équité ? La conséquence serait bizarre...

Non loin d'ici, au bourg illustre de Vizille, vos ancêtres ont juré d'établir le règne de la justice et de la liberté. Relevons leur serment centenaire, et prenons-le à notre compte. Il serait beau qu'un grand mouvement continuateur de la véritable pensée révolutionnaire partît de ce Dauphiné dont on peut dire qu'il a fait, avant la France, le 26 juillet 1788, la Révolution française.

Jules LEMAITRE.

Première déclaration de « la Patrie Française » et liste des premiers adhérents.

Les soussignés,

Émus de voir se prolonger et s'aggraver la plus funeste des agitations ;

Persuadés qu'elle ne saurait durer davantage sans compromettre mortellement les intérêts vitaux de la patrie française, et notamment ceux dont le glorieux dépôt est aux mains de l'armée nationale ;

Persuadés aussi qu'en le disant ils expriment l'opinion de la France ;

Ont résolu :

De travailler, dans les limites de leur devoir professionnel, à maintenir, en les conciliant avec le progrès des idées et des mœurs, les traditions de la patrie française ;

De s'unir et de se grouper, en dehors de tout esprit de secte, pour agir utilement dans ce sens par la parole, par les écrits et par l'exemple ;

Et de fortifier l'esprit de solidarité qui doit relier entre elles, à travers le temps, toutes les générations d'un grand peuple.

MM.

Ernest Legouvé, de l'Académie française.
Duc de Broglie, de l'Académie française.
Alfred Mézières, de l'Académie française.
Gaston Boissier, de l'Académie française.
Duc d'Audiffret-Pasquier, de l'Académie française.
Rousse, de l'Académie française.
Victor Cherbuliez, de l'Académie française;
François Coppée, de l'Académie française.
Comte d'Haussonville, de l'Académie française.
Vicomte de Vogüé, de l'Académie française.
Henri de Bornier, de l'Académie française.
Thureau-Dangin, de l'Académie française.
Ferdinand Brunetière, de l'Académie française.
J.-M. de Hérédia, de l'Académie française.
Albert Sorel, de l'Académie française, professeur à l'École des sciences politiques.
Paul Bourget, de l'Académie française.
Henry Houssaye, de l'Académie française.
Jules Lemaître, de l'Académie française.
Costa de Beauregard, de l'Académie française.
André Theuriet, de l'Académie française.
Albert Vandal, de l'Académie française, professeur à l'École des Sciences politiques.
Comte de Mun, de l'Académie française.
Henri Lavedan, de l'Académie française.

Pierre Laffitte, professeur au Collège de France.
Amagat, de l'Académie des sciences.
Babelon, de l'Académie des inscriptions.
A. de Barthélémy, de l'Académie des inscriptions.
Boussinesq, de l'Académie des sciences, professeur à la Sorbonne.
Bichat, de l'Académie des sciences.
Blondlot, de l'Académie des sciences, professeur à la Faculté des sciences de Nancy.
Callandreau, de l'Académie des sciences, professeur à l'Ecole Polytechnique.
Le Chatelier, professeur au Collège de France.
Arthur Chuquet, professeur au Collège de France.
Detaille, de l'Académie des beaux-arts.
Foucart, de l'Académie des Inscriptions, professeur au Collège de France.
Emile Gebhart, de l'Académie des sciences morales, professeur à la Sorbonne.
Jules Girard, de l'Académie des sciences morales, ancien professeur à la Sorbonne, directeur de la fondation Thiers.
Gérôme, de l'Académie des beaux-arts.
Grandidier, de l'Académie des sciences.
Adolphe Guillot, de l'Académie des sciences morales, ancien juge d'instruction.
Hermite, de l'Académie des sciences.
Camille Jordan, de l'Académie des sciences, professeur au Collège de France.
Paul Janet, de l'Académie des sciences morales, ancien professeur à la Sorbonne.
Amiral de Jonquières, de l'Académie des sciences.
De Lasteyrie, de l'Académie des inscriptions.
Louis Léger, professeur au Collège de France.
Longnon, de l'Académie des inscriptions, professeur au Collège de France.
De Lapparent, de l'Académie des sciences.
Barbier de Meynard, de l'Académie des inscriptions.
Emile Picard, de l'Académie des Sciences, professeur à la Sorbonne.
Alfred Rambaud, de l'Académie des sciences morales, professeur à la Sorbonne.
Eugène Rouché, de l'Académie des sciences.
Henry Thédenat, de l'Académie des inscriptions.
Marquis de Vogüé, de l'Académie des inscriptions.
Héron de Villefosse, de l'Académie des inscriptions.
C. Wolf, de l'Académie des sciences.

Audollent, professeur à la Faculté de Clermont.
Allais (Gustave), professeur à la Faculté de Rennes.
J. Raffy, maître de conférences à l'Ecole normale supérieure.
Aglave, professeur à la Faculté de droit de Paris.
Brongniart, assistant de zoologie au Muséum.
Le Breton (André), professeur de littérature française à l'Université de Bordeaux.
Bodin, professeur à la Faculté de droit de Rennes.
Beauchet, professeur à la Faculté de droit de Nancy.
Blondel, professeur à la Faculté de droit de Nancy, ancien bâtonnier.
Crouslé, professeur à la Sorbonne.
De Crozals, professeur à l'Université de Grenoble.
Collignon, examinateur à l'Ecole Polytechnique.

Châtel, professeur à la Faculté de droit de Rennes.
Marcel Dubois, professeur à la Sorbonne.
Charles Dejob, maître de conférences à la Sorbonne.
Emmanuel des Essarts, doyen de la Faculté des lettres de Clermont-Ferrand.
Georges Dumesnil, professeur de philosophie à l'Université de Grenoble.
Duhem, professeur à l'Université de Bordeaux.
Dufour, chef des travaux physiques à la Faculté des sciences de Nancy.
Emile Faguet professeur à la Sorbonne.
Docteur Friand, professeur honoraire à l'Université de Nancy.
Henri Froidevaux, docteur ès lettres.
Henry Joly, ancien doyen de Faculté, ancien professeur au Collège de France et à la Sorbonne.
Guerrier, professeur à la Faculté de droit de Lyon.
Gazier, professeur à la Sorbonne.
Giard, professeur à la Sorbonne.
Goursat, professeur à la Sorbonne.
G. Guy, inspecteur d'Académie honoraire.
Hauriou, professeur à la Faculté de droit de Toulouse.
Georges Humbert, professeur à l'Ecole polytechnique.
André Joubin, professeur à l'Université de Montpellier.
Emile Krantz, doyen de la Faculté des lettres de Nancy.
Henri Lorin, chargé de cours à l'Université de Bordeaux.
Lemoine, professeur à l'Ecole polytechnique.
Maury, professeur à la Faculté de Montpellier.
Stanislas Meunier, professeur au Muséum.
D'Ocagne, professeur à l'Ecole des ponts et chaussées, répétiteur à l'Ecole polytechnique.
Petit de Julleville, professeur à la Sorbonne.
Frédéric Plessis, maître de conférence à l'Ecole normale.
Puech, professeur à la Sorbonne.
Raynaud, professeur à l'Université de Rennes.
De Ridder, professeur à l'Université d'Aix.
Christian Schéfer, professeur à l'Ecole des sciences politiques.
Sigogne, professeur à l'Université de Liège.
Eugène Vicaire, inspecteur général des mines, professeur à l'Ecole des mines.
Vaucher, professeur à la Faculté de théologie protestante de Paris.

Albert Aublet, peintre.
Allouard, sculpteur.
Jean Béraud, peintre.
Bartholomé, sculpteur.
J. Borély, peintre.
Henri Boutet, peintre.
Charles Champigneulle, artiste verrier.
Albert Carré, directeur de l'Opéra-Comique.
Carolus Duran, peintre, président de la Société nationale des beaux-arts.
Courtois, peintre.
Caran d'Ache, dessinateur.
Dagnan-Bouveret, peintre.
Degas, peintre.
Dubufe, peintre.
Alexandre Duchêne, peintre-graveur, vice-secrétaire de la Société des aquafortistes.
Ferdinand Humbert, peintre.

Forain, dessinateur.
Injalbert, sculpteur.
Jacques Blanche, peintre.
Jacquot, sculpteur.
Lecomte du Nouy, peintre.
Georges Lopisgich, peintre-graveur.
Gustave de Latenay, artiste.
François Lafont, peintre.
E.-Michel Malherbe, membre de la Société nationale des
    beaux-arts.
Valadon, peintre.
René de Saint-Marceaux, sculpteur.
Raffaëlli, artiste peintre.
Henri Rondel, artiste peintre.
Paul Robert, artiste peintre.
Gaston Rodrigues, peintre-graveur, trésorier de la So-
    ciété des aquafortistes français.
Ernest Rouart, peintre.
Comte Narquet de Vasselot, statuaire.

Docteur Ferrand, membre de l'Académie de médecine,
    médecin de l'Hôtel-Dieu.
Docteur Huchard, membre de l'Académie de médecine,
    médecin de l'hôpital Necker.
Docteur Rendu, membre de l'Académie de médecine
    médecin de l'hôpital Necker.
Docteur Barbier, médecin des hôpitaux de Paris.
Docteur Bonnaire, professeur agrégé de la Faculté de mé-
    decine, accoucheur de l'hôpital Lariboisière.
Docteur Chauffard, professeur agrégé de la Faculté de
    médecine, médecin de l'hôpital Cochin.
Docteur Duflocq, médecin de l'hôpital Tenon.
Docteur Kirmisson, professeur agrégé de la Faculté de
    médecine, chirurgien de l'hôpital Trousseau.
Docteur Marchand, professeur agrégé de la Faculté de
    médecine, chirurgien de l'hôpital Beaujon.
Docteur Ch. Nélaton, professeur agrégé de la Faculté de
    médecine, chirurgien de l'hôpital Saint-Louis.
Docteur Rochard, chirurgien des hôpitaux de Paris.
Docteur Nénétrier, professeur agrégé de la Faculté de mé-
    decine, médecin de la Maison municipale de santé.
Docteur Roques, médecin de l'hôpital Bichat.
Docteur Pierre Sébileau, professeur agrégé de la Faculté
    de médecine, chirurgien des hôpitaux de Paris.
Docteur Charles-Feisinger, associé de l'Académie de méde-
    cine.
Docteur Mauriac, médecin honoraire des hôpitaux.
Docteur Barnay.
Docteur Bouyges.
Docteur Paul Canin (Avignon).
Docteur Duchastelet.
Docteur Paul Delbet, ancien professeur, chef de clinique
    chirurgicale à l'hôpital Necker.
Docteur Farge. Docteur Guerder. Docteur Lanfranchi. Doc-
    teur Monjoin. Docteur Maestrati. Docteur Henzel.
Docteur Henri Cazalis.
Docteur de Saint-Léger.
Docteur de Massary, ancien interne des hôpitaux de Paris.
Docteur Papillon.
Docteur Reynes, chef de clinique chirurgicale de la Fa-
    culté de médecine de Marseille.
Docteur Récamier, ancien interne des hôpitaux de Paris.

Docteur Tison.
Docteur Tolmer (Neuilly-sur-Seine).
Docteur Watelet père.
Docteur Abel Watelet.
Docteur Winter, chef de laboratoire à la Faculté de méde-
    cine de Paris.

Paul Ardoin, interne à l'hôpital Cochin.
Balthasard, interne à l'hôpital Cochin.
J. Auclair, interne à la Maison municipale de santé.
Castaigne, interne à l'hôpital Cochin.
J. Chaillous, interne à l'hôpital Tenon.
E. Coudert, interne à l'hôpital Cochin.
Jean Ferrand, interne à l'Hôtel-Dieu.
Pierre Duval, interne à l'hôpital Cochin.
Paul Lejonne, interne à l'hôpital Tenon.
Henri Malartic, interne à l'hôpital Tenon.
Naubert, interne à l'hôpital Tenon.
Pédeprade, interne à la Maison municipale de santé.
Paul Morély, interne à l'hôpital Tenon.
Moricheau-Beauchant, interne des hôpitaux de Paris.
Neveu, interne à l'hôpital Tenon.
Albert Saint-Cène, interne provisoire des hôpitaux de Paris.
Jean Petit, interne à l'hôpital Tenon.
Pierre Quiserne, interne à l'hôpital Tenon.
Chapotin, interne à l'hôpital Tenon.
Luc en Roques, interne à l'hospice de Bicêtre.
V. Delamarre, interne à l'hôpital Tenon.
G. Labey, interne à l'hôpital Dubois.
Docteur Feliz, médecin de l'hôpital Saint-Denis.
Ch. Chevalier, de l'hôpital Tenon.
R. Moutet, externe à l'hôpital Tenon.
J. Breton, externe à l'hôpital Tenon.
Le Cargnet, externe à l'hôpital Tenon.
M. Eouet, externe à l'hôpital Tenon.
P. Jarzycki, externe à l'hôpital Tenon.
Bargain, externe à l'hôpital Necker.
Ruissenne, pharmacien.

Mistral.
Léon Dierx.
Francisque Sarcey.
Jules Verne.
Mme Adam.
Gyp.
Maurice Barrès.
René Doumic.
Armand Silvestre.
Léon Daudet.
Jules Brisson, ancien directeur du *Parti national*.
Adolphe Brisson, directeur des *Annales politiques et litté-
    raires.*
Th. Bentzon.
René Maizeroy.
Georges Montorgueil.
Alfred Duquet.
Comte Lar-dan, directeur du *Correspondant*.
Germain Bapst.
Henri Gauthier-Villard (Willy).
Maurice Talmeyr.
Pierre Louys.

Félix Jeantet, directeur de la *Revue hebdomadaire*.
Auguste Dorchain.
Jacques Normand.
Alexandre Hepp.
Maurice Pujo, ancien directeur de l'*Art et la Vie*.
Jules Domergue, directeur de la *Réforme économique*.
Marcel Monnier, homme de lettres, explorateur.
Delhorbe, explorateur, officier de la Légion d'honneur.
A. Perreau, licencié ès sciences, journaliste.
Thiébault-Sisson, ancien universitaire, journaliste.
Lindenlaub, licencié ès lettres, journaliste.
Villetard de Laguérie, licencié ès lettres, ancien professeur d'histoire, journaliste.
Gaston Rouvier, licencié ès lettres, ancien professeur d'histoire, journaliste.
Iribe, journaliste.
A. Rousseau, journaliste.
Guilaine, journaliste.
Claude Eveillé, journaliste.
Pierre Lalo, publiciste.
Maurice Spronck, publiciste.
Charles Malo, publiciste.
Robert de Caix, publiciste.
O. Nonprofit (Pertinax), publiciste.
Théodore Botrel.
Achard, homme de lettres.
Georges Houssmour, homme de lettres.
Lorenzi de Bradi, publiciste.
Ernest Benjamin, membre du comité de la Société des gens de lettres.
E. Benjoin, publiciste.
Maurice Le Corbeiller, homme de lettres.
Robert de Bonnières, homme de lettres.
Auguste Boucher, directeur de journal, ancien élève de l'École normale supérieure.
Arvède Barine.
Pierre de Bréville, critique musical au *Mercure de France*.
Paul Charton, auteur dramatique.
Léo Claretie, membre du comité de la Société des gens do lettres.
Cotuar, membre du comité de la Société des gens de lettres.
Clayeures, de la *Revue hebdomadaire*
Charles Chapotin, homme de lettres.
Jules Case, homme de lettres.
Mme C. Coignet.
Camille Debans, homme de lettres.
Gabriel Colin, sous-bibliothécaire à la Bibliothèque nationale, rédacteur au *Mercure de France*.
Georges Druilhet, homme de lettres.
Ardouin-Dumazet, écrivain militaire.
Emile Delage, homme de lettres.
Edmond Deschaumes, homme de lettres.
Gabriel Jorêt-Desclosières, président d'honneur de la Société des études historiques.
Lucien Corpechot, homme de lettres.
Alfred Dehaudenq, ancien élève de l'École des Chartes, publiciste.
Mouton-Duvernet, homme de lettres.
A. Coulon, homme de lettres.
Léon Deschamps, directeur de la *Plume*.
Jean Darzène, homme de lettres.

René-Marc Ferry, critique dramatique.
Gustave Guiches, homme de lettres.
Grosclaude, homme de lettres, explorateur.
Ernest Gay, membre du comité des gens de lettres.
Paul Gaulot, homme de lettres.
Georges Goyau, ancien élève de l'École normale.
Henri de Jouvencelle, lauréat de l'Académie des sciences morales.
Georges Jubin, ancien élève de l'École normale.
René Jacquet, homme de lettres.
Victor Joze, homme de lettres.
Georges Japy, homme de lettres.
Jean-Paul Lafitte, publiciste.
Lapauze, publiciste.
André Leneka, homme de lettres.
Lauze, publiciste
Georges Maldague.
Gaston Maugras.
R. de Maulde, directeur de la *Revue d'Histoire diplomatique.*
Emile Mariotte, homme de lettres.
Marc Mario, membre du comité de la Société des gens de lettres.
Frédéric Masson, homme de lettres.
Marty-Laveaux.
Jean de Mitty, homme de lettres.
Victor de Marolles, homme de lettres.
Emile Mahé, homme de lettres.
Baron Charles de Martin Douas.
Dauphin-Meunier.
De Metz-Noblard, homme de lettres.
Marchès, homme de lettres.
Victor de Maroly, homme de lettres.
Henry de Noussane, homme de lettres.
Baron Halot.
Pierre Halary, homme de lettres.
Charles Ponsonailhe, critique d'art.
Comte Pierre de Ségur, homme de lettres.
Saisay, homme de lettres.
Gaston Scheler, auteur dramatique.
Henri Quentin (Paul d'Estrée), homme de lettres.
Gabriel Sarrazin, homme de lettres.
Alexandre Parodi, auteur dramatique.
Octave Pradels, président de la Société des auteurs compositeurs et éditeurs de musique.
Paul Perret, homme de lettres.
Pensa, directeur de la *Revue des questions diplomatiques et coloniales.*
Onésime Reclus, homme de lettres.
Em. Rodocanachi, secrétaire du comité de la Société des gens de lettres.
Firmin Roz, homme de lettres.
Paul Roquet, homme de lettres.
Jules Angot des Rotours, homme de lettres.
Adrien Demacle, homme de lettres.
Jules Oudot, homme de lettres.
Terrier, secrétaire du Comité de l'Afrique du Nord.
Jacques du Tillet, critique dramatique.
Adolphe Tavernier, homme de lettres.
Edmond Thiaudière.
Charles de Thézillat, homme de lettres.
Gilbert Augustin-Thierry.
Mme Paule Vigneron,

Vasselot, homme de lettres.
Paul Vérola.
Charles Maurras.
Frédéric Amouretti.
Bois-Glavy, publiciste.
Georges Thiébaud.

De Ségogne, avocat à la Cour de cassation.
Dareste, avocat à la Cour de cassation.
Edouard, Clunet, avocat.
Robert Boistel, avocat.
Henri Bazire, avocat.
A. Pujo, avocat.
A. Raoult, avocat.
A. Bilouel, avocat.
P. Couradin, avocat.
Jovart, avocat.
Adrien Lecointre, avocat.
Pierrot, ancien bâtonnier.
Renard, ancien bâtonnier.
Gatton, ancien bâtonnier.
Bouviel, ancien président des avocats à la Cour de cassation
Eugène Billiard, avocat.
Baillou, avocat à Versailles.
Robinet de Cléry, avocat.
Lucien Cortambert, avocat.
Colombe, avocat à Versailles.
Edouard Denais, avocat.
Michel Dansac, avocat.
Ambroise Rendu, avocat.
Eugène Fiornoy, docteur en droit, avocat.
De la Fontaine, avocat.
Genest, avocat.
Gruigner, avocat.
E. Godefroy, avocat.
Galinier, avocat à Versailles.
L. Prache, avocat.
Gaston Lefebvre, avocat.
G. Marmod, avocat.
Laroche, avocat.
L. Blin, avocat.
P. Larue, avocat.
Et. Groslard, avocat.
Henri Pérard, avocat.
Achille Raux, avocat.
Charles Lebœuf, avocat.
René Brizard, avocat.
Henri Coulon, avocat.
G. Blanchard, avocat.
Martin-Dupray, avocat.
Paul Comby, avocat.
Louis Lemarignier, avocat.
Léouzon-Leduc, avocat.
Ch. Chardon, avocat.
L. de Coëne, avocat.
R. Coste, avocat.
Corret, avocat.
Lespagnol, avocat.
Lefèbre, avocat.
A. Genest, avocat.
Quinquet de Monjour, avocat.
Henri Masson, avocat.

Robillard de Marigny, avocat.
Moussoir, avocat à Versailles.
Mangin, bâtonnier de l'ordre des avocats de Nancy
G Habault, avocat.
François Hébrard. avocat.
Léon Haas, avocat.
Maurice Hervieu, avocat.
Hocart, avocat à Versailles.
Henri Simon, avocat à Versailles.
Ch. Ponjouville, docteur en droit, avocat.
Michel Pelletier, avocat.
Henri Paumin, avocat.
Ad. Potel, avocat.
Petit, avocat à Versailles.
H. Reverdy, avocat.
Georges Deschamps, avocat.
Adrien Reymond, avocat.
Paul Reuillier, avocat.
Alexis Rouart, avocat.
Rudelle, avocat.
Michel Le Tellier, avocat.
Maurice Tissier, avocat.
Charles Thierry, ancien élève diplômé de l'Ecole des sciences
    politiques, avocat.
Armand de Vismes, avocat.
B. Raynaud, avocat.
C. Comby, avocat.
Ludovic Raynaud, avocat.
Léon Boschet, avocat.
Albert Menus, avocat.
Charles Azard, avocat.

Charles Ravaisson-Mollien, membre de la Société des
    Antiquaires de France.
Camille Auchier, archiviste-paléographe.
Auger, ancien fonctionnaire.
Fernand Engerand,
Anglès d'Auriac, général en retraite.
Paul Allard, ancien magistrat.
Ancelle, ingénieur des mines.
Paul Lebreton, archiviste-paléographe.
Adrien Blanchet, de la Société des Antiquaires de France.
Bourdelle, imprimeur-éditeur.
Louis Bougenot
Bonneau de La Varanne.
Emile Berau.
J. Blancard.
Gustave Bollée.
Barrère, éditeur-géographe.
Bénasson.
Guy de Bar.
J. Bontout, ancien président de l'Association des étudiants
    de Marseille.
Baron J. Cerise.
Beltran.
Vicomte Maurice Boutry.
Félix Brosse.
Edouard Brosse.
Paul Crosse de Bionville.
Louis Bringuier, étudiant en droit.
Barbaut, avoué à Versailles.
De Boissieux, licencié ès lettres.

René de Champorin.
Choppy licencié ès lettres.
Eugène Charmette, secrétaire de la Ligue coloniale de la jeunesse.
Cellier
Audré Chéradame, lauréat de l'Ecole des sciences politiques
Sébastien Courcelles, ancien député à l'Assemblée nationale.
Honoré Champion, libraire-éditeur.
V. Camarade, professeur libre.
Chauvelot, professeur libre.
Berbignes, professeur libre.
Jérôme Depons, professeur libre.
A. Touroude, professeur libre.
Ant. Gruss, professeur libre.
Joseph Grand, licencié ès sciences.
Paul de Chambret, professeur libre.
V. Châtelain.
Camelin expert.
Charriot expert.
Eugène Le Mouël,
J. Charpentier.
Louis Comandon.
Henry Bailly, secrétaire d'ambassade.
Gaston Auger professeur libre.
Ch. Chauvin, professeur.
Challamel, éditeur.
Comte de Dion.
Henri-Duchemin, archiviste-paléographe.
René Ducout.
Marin, ingénieur.
Emile Godfernaux, ingénieur.
Veilhau, ingénieur des ponts et chaussées.
Constant Duval.
Max-Bégouen-Domaux, directeur de la Compagnie d'assurances maritimes (Le Havre).
N. de la Tour, de la Société des Antiquaires de France.
Joseph Denais.
Louis Delsol.
Germain Devaux, industriel.
Doublet, juge au tribunal de Versailles.
Baron Doazan.
Durandeau.
Duquinquand, avoué à Versailles.
Amédée Dubacq.
P.-J. Estadieu.
Emery.
Roger de Fleurans.
Frémy, licencié en droit.
Léon Fournier, professeur libre.
V. Glawszlowk.
A. Girard, licencié ès lettres.
Goschery.
Comte Grailly.
Grenier, président de l'Association internationale économique des Amis de la paix.
Grosjean, juge à Versailles.
Pierre Goyon, licencié ès lettres.
Antoine Guillois, lauréat de l'Académie française.
Victor Guérardt, architecte.
Albert Isnard, archiviste paléographe.
Th. Jerea, chef d'institution.

Etienne Jourdan, président de l'Association des étudiants
    de Marseille.
Maurice Kreutzberger.
Gabriel Ledos, archiviste-paléographe, licencié ès lettres
Robert Launay, licencié ès lettres.
Comte de Ludre.
Lespinasse.
Armand Lods, docteur en droit.
Mainguet, imprimeur-éditeur.
Comte Charles de Mouy, ancien ambassadeur.
Marsh, ingénieur.
Comte de Martel.
De Thierry Martel-Mirabeau.
Lieutenant-Colonel Monteil, explorateur.
Herpin de Mas.
Romon, membre de la Société des antiquaires de France
A. Martin.
Charles Marcoux.
E. Moreau, juge d'instruction à Versailles.
Pierre Moreau.
Manuel, avoué à Versailles.
Adolphe Nourrit, imprimeur-éditeur.
Nansot, avoué à Versailles.
Maurice Henry, licencié en droit.
Henrion.
Hollebecque.
Comte de Sudre.
Saglier.
Simon, ingénieur civil.
Henri de Saint-Meux, avoué, à Versailles.
Salone, avoué à Versailles.
Salanson, avoué à Versailles.
Second, avoué à Versailles.
Guérin, avoué à Versailles.
Paul Caïlot.
Gustave Pierre.
Albert Poisson, conseiller général des Landes.
Paviliard.
Paul Perrin, éditeur.
L. Peigné.
Elie Prunière, ancien élève de l'Ecole des Chartes.
Porcher, professeur à l'Ecole vétérinaire de Lyon
Panès.
Louis Perreau, ingénieur électricien.
Pellerin, avoué à Versailles.
François Renié.
Jean Renié.
Henri de Roux, archiviste paléographe.
Jean Renouard.
Henri Rondel.
A. Roguenant.
Olivier de Romanet, archiviste paléographe.
Alexis Rouart, ingénieur.
Eugène Rouart, agriculteur.
Henri Rouart, ingénieur.
T. des Ormes, archiviste paléographe.
Henri Travers, archiviste paléographe.
Thévenot, professeur de la Ville de Paris.
Taillardat.
Traittalhuile.
Henri Tournoüer, archiviste paléographe.
Thibault, avoué à Versailles.
Turquet, conseiller d'arrondissement.

Albert Vaudoyer.
Edme Vallois.
Paul Vignon, licencié ès lettres.
A. Wertz.
A. Piedagnel.
Adrien Lecolbier.
Aimé Ragon.
A. Bouchard.
C. L'Huissel.

Aubert, professeur de l'Université.
Baret, professeur de l'Université.
Victor Baudot, professeur de l'Université
Charles Boudhors, professeur de l'Université.
Boudhors, professeur en retraite.
Louis Bodin, professeur de l'Université.
Boistel, professeur de l'Université.
Bioche, professeur de l'Université.
Berlinet, professeur de l'Université.
André Bellessort, professeur de l'Université.
Bernardin, professeur de l'Université.
Billiaz, directeur de la *Correspondance universitaire*.
Castagnou, professeur de l'Université.
Chambry, professeur de l'Université.
Cammartin, professeur de l'Université.
Choppin, professeur de l'Université.
Chapron, professeur de l'Université.
I.-J. Caravon, professeur de l'Université.
Charles Combes, professeur de l'Université.
Derepas, professeur de l'Université.
Georges Viard, professeur de l'Université.
Louis Dausset, professeur de l'Université.
Henri Durand, professeur de l'Université.
Paul Durandin, professeur de l'Université.
François Fabié, professeur de l'Université.
Darsy, professeur de l'Université.
Douilly, professeur de l'Université.
Dufayard, professeur de l'Université.
Dussouchet, professeur de l'Université.
Draincourt, professeur de l'Université.
Dieux, professeur de l'Université.
Durand, professeur de l'Université.
De Mage, professeur de l'Université.
Edet, professeur de l'Université.
Faribault, professeur de l'Université.
Fouyé, professeur de l'Université.
Fiévé, professeur de l'Université.
Favel, professeur de l'Université.
Georges Fonsegrive, professeur de l'Université, directeur
    de la *Quinzaine*.
Grigour, professeur de l'Université.
P. Gautier, professeur de l'Université.
Georgin, professeur de l'Université.
Ch.-M. des Granges, professeur de l'Université.
Charles Lebaigue, professeur de l'Université.
Henri Lecomte, professeur de l'Université.
Albert Mallet, professeur de l'Université.
Reboul, professeur de l'Université.
Mêlegaux, professeur de l'Université.
Goudaigne, ancien membre du Conseil supérieur de l'Ins-
    truction publique.
Léon Garrigue, professeur de l'Université.

Joran, professeur de l'Université.
Lehugeur, professeur de l'Université.
Lepage, professeur de l'Université.
Lavigne, profess ur de l'Univer-ité.
Lanusse, professeur de l'Université.
Lemarquis. professeur de l'Université.
Lapreste professeur de l'Université.
Léon Levrault, professeur de l'Université.
De Movina, professeur de l'Université.
Mainard, professeur de l'Université.
Henri Laignoux, professeur de l'Université.
Théodore Lorber. professeur de l'Université.
Noguez, professeur de l'Université.
Hainselain, professeur de l'Université.
Paul Henry, professeur de l'Université.
Salone, professeur de l'Université.
Strowski, professeur de l'Université.
Syveton, professeur de l'Université.
Seuil, professeur de l'Université.
Samion, professeur de l'Université.
Schürr, professeur de l'Université.
Sudre, professeur à l'Université.
Peyre, professeur de l'Université.
Pessonneaux, professeur de l'Université.
Etienne Pouthier, professeur de l'Université.
Emile Pelletier, professeur de l'Université.
S. Rocheblave, professeur de l'Université.
Roubier, professeur de l'Université.
Roulier, professeur de l'Université.
Richardot, professeur de l'Université.
Rogery, professeur de l'Université.
Georges Ramain, professeur de l'Université.
Jacques Rocafort, professeur de l'Université
Truchy, professeur de l'Université.
Henri Vaugeois, professeur de l'Université.
Camille Vergniol, professeur de l'Université.
Charles Veimann, professeur de l'Université.

MM

Godefroy Cavaignac.
Colonel Monteil.

AUX ADHÉRENTS

DE

"LA PATRIE FRANÇAISE"

A partir du 1ᵉʳ mars 1901, les cartes d'identité *vertes et violettes*, actuellement en circulation, seront périmées.

Les *Bienfaiteurs* de la *Patrie Française* recevront de nouvelles cartes, valables pendant l'année 1901 et de couleur rose, en opérant le versement de leur contribution annuelle.

Le versement peut être fait :

1° Au *Siège central de la Ligue*, 97, rue de Rennes, si l'on désire que la somme versée profite à notre *Action générale* ;

2° Chez le Trésorier du *Comité local*, au cas où il en existerait un dans la localité, si l'on veut favoriser son *action particulière*.

Les cartes seront aussi envoyées par la poste, contre envoi de la contribution en bon de poste.

Les *donateurs* et *donateurs bienfaiteurs*, don⁺ les souscriptions ont été versées une fois pour toutes, recevront, *en échange* de la carte verte actuelle, une nouvelle carte, perpétuelle et de couleur bleue. Ils sont priés de bien vouloir la réclamer au siège central, 97, rue de Rennes.

Les *donateurs principaux* continueront à faire usage de la carte blanche qu'ils ont entre les mains.

Les *comités locaux* délivrent à leurs souscripteurs, indépendamment de l'une des cartes indiquées ci-dessus et moyennant le versement d'une somme de *un franc*, une *carte spéciale d'identité*, qui n'a de valeur que dans la zone d'action du comité ; cette carte est annuelle et de couleur chamois pour l'année 1901.

N. B. — On contribue à l'œuvre de la *Patrie Française*, à titre de :

1° *Bienfaiteur*, par une contribution annuelle de un franc et au-dessus (carte rose pour 1901).

2° *Donateur*, par une contribution de 20 francs, une fois donnée (carte bleue).

3° *Donateur bienfaiteur*, par une contribution de 50 francs au moins, une fois donnée (carte bleue).

4° *Donateur principal*, par une contribution de 100 francs et au-dessus, une fois donnée (carte blanche).

APPEL A NOS AMIS

POUR

la formation de Comités de la « Patrie Française »

Les circonstances présentes et l'approche des élections législatives imposent aux bons citoyens l'obligation de mettre tout en œuvre pour que la grande consultation nationale de 1902 puisse devenir le point de départ d'une ère nouvelle de régénération et de prospérité.

Si le pays se trouve actuellement dans un si déplorable état d'effacement et en est arrivé à douter de lui-même, c'est que, depuis trop longtemps, la masse des électeurs, indifférente ou dénuée d'énergie, laisse le champ libre aux agitateurs de profession, qu'elle suit avec une docilité coupable.

Il importe que nous nous organisions, que dans chaque localité importante un groupe d'hommes généreux, conscients de leurs droits et soucieux de leur devoir civique, s'efforcent de prendre la direction du suffrage universel.

Nous invitons donc nos adhérents à former dans toute la France des comités locaux de la Patrie Française, en union intime avec le Comité central, et nous nous tenons à la disposition de tous ceux qui veulent prendre l'initiative de ces organisations, pour leur donner toutes les indications utiles.

Les Comités devront être composés de citoyens indépendants et actifs, d'un passé indiscutable, *partisans de la République* généreuse, honnête, large et tolérante que nous préparons.

S'adresser pour Paris et la banlieue, à M. Charles Andriveau, 97, rue de Rennes; pour les départements, à M. Louis Delsol, 97, rue de Rennes, Paris.

ANNALES
DE LA
Patrie Française
REVUE BIMENSUELLE POLITIQUE ET LITTÉRAIRE

Prix de l'Abonnement :

Paris et Province : un an, **6 fr.** — Étranger (union postale), **7 fr. 50**
Le Numéro : **25 Centimes.**

RÉDACTION ET ADMINISTRATION :

196, Rue de Rivoli (en face des Tuileries), **PARIS**
Téléphone 295-71

Les bureaux sont ouverts tous les jours de 9 h. à mid. et de 2 a 6h

CONDITIONS DE LA PUBLICATION

Les Annales de la Patrie Française paraissent le 1er et le 15 de chaque mois. Les abonnements partent du 1er et du 15 de chaque mois.

COMITÉ DE RÉDACTION :

MM. François Coppée, Jules Lemaitre
Maurice Barrés, Marcel Dubois, Félix Jeantet
Louis Dausset, Gabriel Syveton.

PRINCIPAUX COLLABORATEURS :

MM. François Coppée, Jules Lemaitre, Maurice Barrés,
Gyp, Mme Alphonse Daudet, Mlle Marie-Anne de Bovet,
MM. Godefroy Cavaignac, de Marcère,
Lazies, Mistral, Marcel Dubois, Henri Lavedan,
Albert Vandal, Alfred Rambaud, Longnon,
Henry Houssaye, Gabriel Syveton, Jacques du Tillet,
Emmanuel des Essarts, Edouard Grenier,
L. de Contenson, Félix Jeantet, Georges Thiébaud,
Léon Daudet, Louis Dausset, Frédéric Plessis,
Maurice Talmeyr, Georges Montorgueil, Grosclaude,
Georges Grosjean, Jacques d'Urville,
Georges Bonnamour, Colonel Monteil, Jules Domergue,
Jacques Normand, Jean Lahor, Général Baron
Rebillot, Maurice Pujo, Pierre Noilhan, de Rancourt,
Émile de Saint-Auban, Gabriel Aubray,
Théodore Botrel, Ardouin-Dumazet, Maurice Spronk
Jean de la Brète, Henri Vaugeois, Léouzon le Duc,
André Cheradame, Emile Pierret.

COLLABORATION ARTISTIQUE

Gérôme, Detaille, Mme Madeleine Lemaire, Forain,
Caran d'Ache, Petit-Gérard, Gustave Bourgin,
Montenard, Roger Jourdain, Morlon.

Paris. — Imprimerie P. ORSONI, 9, rue des Fontes.